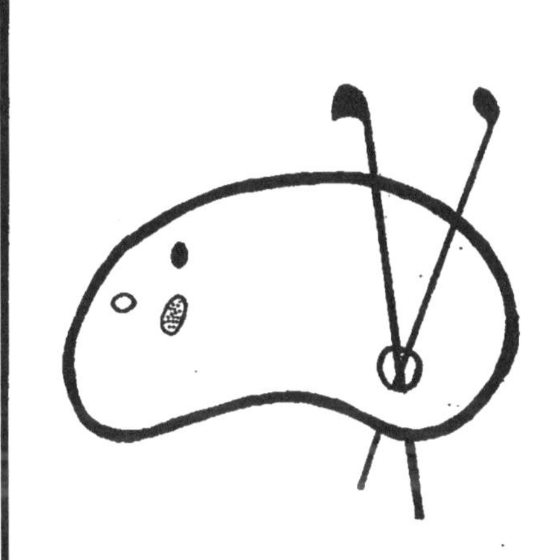

DEBUT D'UNE SERIE DE DOCUMENTS
EN COULEUR

UN

MYSTIQUE AU XIXᵉ SIÈCLE

PAR

L. LABERTHONNIÈRE

PRÊTRE DE L'ORATOIRE

Extrait de « LA QUINZAINE » du 1ᵉʳ Août 1899.

LA " QUINZAINE "

Revue Littéraire, Artistique et Scientifique

PARAIT LE 1er ET LE 16 DE CHAQUE MOIS

PARIS, 45, Rue Vaneau, PARIS.

Le 1er novembre 1898, **LA QUINZAINE** est entrée dans sa cinquième année d'existence.

Dans ce bref espace de temps, elle a pris une place importante au premier rang de la presse périodique, et son succès va s'affermissant tous les jours.

Placée depuis le 1er avril 1896 sous la direction de M. George Fonsegrive, l'auteur bien connu de l'*Essai sur le libre arbitre*, des *Lettres d'un Curé de campagne*, des *Lettres d'un Curé de canton*, du *Journal d'un évêque* et de plusieurs autres ouvrages que le public simplement philosophique et lettré n'apprécie pas moins que le public catholique, **LA QUINZAINE** fait nettement profession de dévouement au catholicisme.

Le patriotisme et l'amour qu'on y professe pour les institutions sociales les plus nouvelles et les plus hardies n'empêchent pas qu'on y admette l'expression documentée de toutes les opinions libres.

LA QUINZAINE est ouverte à toutes les compétences, et se fait gloire de n'appartenir à aucune école fermée, à aucun parti étroit.

Une brillante pléiade de rédacteurs venus de la presse libre, de l'Université, de l'Église, où se rencontrent, à côté de membres illustres de l'Institut et des maîtres les plus respectés, des talents plus jeunes mais non pas moins valeureux, lui ont conquis les faveurs du public.

Le prix de l'abonnement est de :

	Un an	Six mois	Trois mois
Paris, France.	**24** fr.	**14** fr.	**8** fr.
Étranger (Union postale). .	**28** fr.	**16** fr.	**9** fr.

Abonnement spécial pour le Clergé et l'Université :

France, un an	**20** fr.
Étranger, un an	**24** fr.

Ces abonnements ne peuvent être pris pour moins d'un an.

LA QUINZAINE est donc de toutes les grandes revues celle qui est le meilleur marché. Elle donne tous les quinze jours 144 pages de texte grand in-8° qui forment au bout de l'année six beaux volumes de 576 pages.

LA QUINZAINE envoie un spécimen gratuit sur demande affranchie.

LA QUINZAINE accepte l'échange avec les publications qui s'engagent à reproduire ses sommaires.

La Chapelle-Montligeon. — Imprimerie de N.-D. de Montligeon.

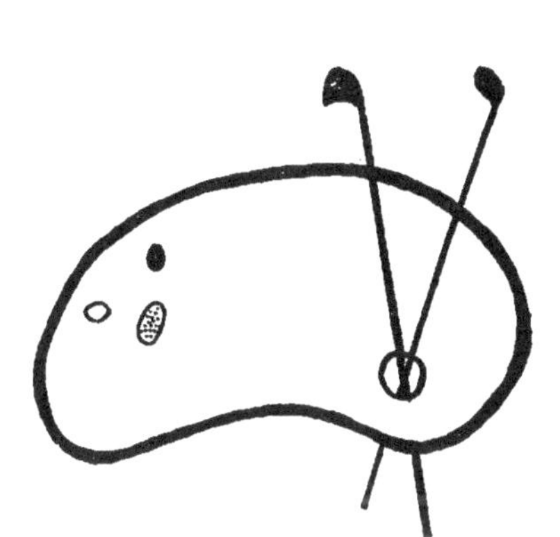

FIN D'UNE SERIE DE DOCUMENTS
EN COULEUR

UN

MYSTIQUE AU XIXe SIÈCLE

PAR

L. LABERTHONNIÈRE

PRÊTRE DE L'ORATOIRE

———

Extrait de « LA QUINZAINE » du 1er Août 1899.

———

UN MYSTIQUE AU XIX° SIÈCLE

I

Ce n'est pas d'un inconnu que nous voulons parler, mais de quelqu'un que deux volumes de correspondance nouvellement publiés viennent de nous mieux faire connaître (1). Il s'agit de Mgr Gay. D'autres volumes, paraît-il, suivront ceux-là. Et nous croyons pouvoir dire, d'après ce que nous en avons déjà vu, qu'ils formeront un ensemble d'une valeur exceptionnelle. Et ce que nous souhaitons en les signalant, c'est qu'ils puissent au moins conquérir une place au milieu de cette multitude de livres qu'on nomme en bloc des livres pieux et où trop souvent ne se trouve qu'une phraséologie vide et banale.

Sous l'auteur, qui est encore un des guides spirituels les plus en renom de notre temps, il était sans doute assez facile de deviner l'homme, et dans l'homme l'âme de chrétien et l'âme d'apôtre merveilleusement éprise des choses d'en haut. Mais quel que soit le mérite de ses livres — et sans le méconnaître — on peut bien dire qu'on s'y trouve un peu trop en présence d'un auteur. Pour s'exprimer à un public avec qui il n'était pas en contact immédiat, sa pensée s'apprêtait et, en s'apprêtant, elle perdait de sa simplicité, de sa chaleur et de sa vie.

Homme de sentiment et d'intuition, artiste par tempérament, ayant rêvé pendant sa première jeunesse, avec son ami Ch. Gounod, de se consacrer à la musique, il manquait en quelque sorte naturellement des qualités nécessaires pour organiser méthodiquement des idées et pour les constituer fortement en système. Certes, il était capable de penser, mais de penser en poète plus qu'en philosophe. Sa pensée qui s'alimen-

---

(1) *Correspondance de Mgr Gay*, 2 vol. in-8°, H. Oudin, 1899.

tait incessamment à la réalité vivante de son expérience intime répugnait à prendre la forme abstraite que lui avait fournie, comme à nous tous, son éducation scolastique. Et en même temps elle restait trop engagée dans le sentiment qui lui correspondait — et il avait trop hâte et trop besoin de la vivre — pour qu'elle pût s'exprimer didactiquement en une forme qui lui fût propre et adéquate. Née dans le cœur, en montant au cerveau elle trouvait des moules trop étroits et trop rigides pour la contenir. Elle s'en accommodait du mieux qu'elle pouvait, non cependant sans les faire éclater par endroits. Il en est résulté que quand c'était l'auteur qui écrivait pour faire un livre ou un traité, il se trouvait gêné et tendu.

Dans ces conditions, il était surtout fait pour chanter et pour s'épancher. « Au dehors, j'ai quitté la musique, disait-il à la fin de sa vie, mais la musique ne m'a jamais quitté. » Et il disait vrai. Et on en est tout de suite frappé en lisant ses lettres. Là, n'ayant plus à s'inquiéter des formules ni des procédés, ni des méthodes reçues, il est complètement lui-même. Et on ne saurait exprimer plus naturellement des pensées et des sentiments surnaturels. C'est son être intérieur qui jaillit au dehors avec une liberté et une candeur d'enfant, sous la poussée calme d'une plénitude qui déborde. Ce sont des méditations, des harmonies, des effusions : c'est une musique d'âme très douce, très pénétrante, très simple, une musique d'âme qui exprime sans fin des tendresses sans cesse renouvelées, des élans toujours renaissants, une joie qui ne s'épuise pas, une confiance que rien n'altère et des espérances que tout illumine et fortifie. Les tristesses et les misères humaines n'y ont un écho que par les consolations qui les dépassent et qui les dominent. « Je ne regrette rien, et si je pleure je le fais devant Dieu sans inquiétude (1). » — « Je n'habite qu'une tente, mais je n'ai aucune envie de me bâtir une maison ». C'est paisible et pacifiant comme les œuvres des primitifs. On y trouve la même sérénité et la même sincérité. Rien n'exprime mieux la paix intérieure, une immense et profonde paix. « Reprends courage, écrit-il à sa sœur ; ne dis pas : ceci arrivera, ceci

(1) T. I, p. 40.

n'arrivera pas. Tout l'avenir est au bon Dieu : nul ne le lui a
dérobé jusqu'à ce jour ; et c'est, de vrai, bien heureux, car nous
gâtons tout. Laissons-lui donc le soin de ce qui nous regarde...
Ainsi, petite sœur, tu ne te désoleras pas ; tu prendras les
moyens de rétablir ta santé ; tu ne voudras pas vivre à la fois
demain et aujourd'hui : aujourd'hui suffit et demain ne t'appartient pas (1). » Et ailleurs, dans une lettre datée de Chamounix :
« J'avais de la musique plein l'âme, plein le cœur, plein la
tête ; et encore une musique morale bien autrement belle que
celle qui se peut formuler par des sons ! Dieu était au fond et
au sommet de tout cela ; car c'est par lui que tout commence
et que tout s'achève. Il est donc bon de lui tout rapporter : c'est
justice et c'est bonheur aussi, car, grâce à sa sagesse, bonheur
et vérité, satisfaction et vertu, récompense et devoir ne sont
qu'une même chose (2) ».

Et la paix qui règne ici n'est pas la paix de la mort ou du
sommeil, mais la paix de la vie qui au-dessus « des hommes
qui changent et des choses qui meurent » s'épanouit déjà dans
l'éternité : vie de cœur et vie de pensée qui, riche de Dieu en
dedans, répand sur tout l'amour et la lumière d'en haut, allant
du créateur à la créature et revenant de la créature au créateur,
unifiant la multiplicité des phénomènes et la multiplicité des
êtres dans ce qui est le principe et la fin de tout. Et cela se fait,
non sans effort assurément, mais sans contention, simplement
par la bonne volonté d'une âme qui, en s'ouvrant pour remplir
le vide infini de sa nature créée, reçoit Dieu et, avec Dieu, tout
le reste dans une harmonie grandissante.

Ce qui peut nous déconcerter dans une certaine mesure, nous
surtout, hommes d'un siècle troublé, c'est qu'ici on ne sent
jamais les angoisses de la lutte. Élevé dans un milieu où le
christianisme est méconnu, Charles Gay encore tout jeune se
convertit. Mais, autant qu'on en peut juger, il n'éprouve aucune
de ces secousses et de ces inquiétudes si fréquentes en pareilles
circonstances. Du premier coup, semble-t-il, Dieu a pris possession de lui et il a pris possession de Dieu. Il est évidemment

(1) T. I, p. 14.
(2) T. I, p. 22.

une de ces natures privilégiées dont il dit « qu'un seul mouvement de leur cœur les porte plus loin que les longues analyses d'un esprit délié » (1). Quelques années après, il entend l'appel mystérieux qui le convie à être prêtre. Il aura des obstacles à surmonter. Mais tout s'aplanit devant sa confiance forte et tranquille. Et à aucun moment on ne le voit passer par les incertitudes d'une crise. Sa vie a le caractère d'une idylle et non d'un drame, mais d'une idylle qui se déroule dans des régions supérieures. Il convertit successivement les membres de sa famille. Mais il agit sur eux comme par contagion, plus par ce qu'il est que par ce qu'il dit ; et ce qu'il dit ne fait toujours que manifester ce qu'il est (2). Son âme rayonne dans leur âme et les envahit ; et à son contact ils deviennent chrétiens, eux aussi, sans heurt, sans crise, comme par un progrès naturel.

Qu'on ne s'y méprenne pas cependant : nous sommes bien en présence de la vertu au sens chrétien du mot ; et la grâce est là, visible et tangible pour ainsi dire. Et si elle n'a plus l'air de violenter la nature, c'est que la nature s'est laissé pénétrer par elle et qu'elle s'est harmonisée avec elle pour constituer une seule et même vie qui, tout en restant humaine, est devenue divine.

II

Mgr Gay est incontestablement de la famille des grands mystiques chrétiens. Les lettres qu'on vient de publier — lettres à ses proches, à sa sœur surtout — constituent comme une autobiographie intime. Et ce qui leur donne un intérêt tout particulier, c'est précisément qu'elles mettent sous nos yeux l'âme d'un mystique, c'est-à-dire une âme éprise de Dieu, dans la simplicité de sa vie quotidienne, à travers les événements et les relations ordinaires qui sont la trame temporelle de toute existence ici-bas. On peut voir là ce que c'est qu'un cœur et

(1) T. I, p. 11.

(2) « Prie avec moi et restons dans la paix, faisant aimer la religion en nous... Soyons les ministres, les instruments de Dieu... Mais pour cela, c'est soi-même qu'il faut continuellement travailler, surveiller, transformer. » *A sa sœur*, t I, p. 87.

qu'un esprit à qui Dieu est toujours présent. Et quant à ceux que le mot mysticisme effarouche, ne sachant pas trop ce qu'il signifie, qu'ils se rassurent : ils ne trouveront ni extases, ni visions, ni prétentions chimériques, ni extravagances d'aucune sorte.

Les préventions qui se manifestent à ce sujet de divers côtés ne sont pas plus fondées les unes que les autres.

Pour certains philosophes, le mysticisme est une abdication de la raison et de la volonté par désespoir ou par inertie. Et quelques-uns de nos psychologues contemporains en font une névrose. Mais, abdication ou névrose, il se ramènerait toujours à une perte de la personnalité. Or, c'est exactement le contraire qui est vrai ; car c'est à prendre pleinement possession d'eux-mêmes que les mystiques tendent et aboutissent, en dominant par leur union à Dieu le tumulte et le désordre de la vie inférieure. Ils achèvent ainsi, peut-on dire, leur personnalité ; ils la solidifient ; ils la soustraient aux atteintes du temps, aux caprices des nerfs et de l'imagination. Philosophes et savants sont donc bien mal venus de reprocher aux mystiques d'avoir perdu ce qu'ils ont justement conquis. Croient-ils donc qu'on cesse de penser parce qu'on ne pense pas comme eux, et qu'on ne voit plus les choses parce qu'on les regarde d'en haut au lieu de les regarder d'en bas, et qu'on ne sait plus vouloir parce qu'on ne veut plus ce qu'ils veulent ?

Mais, d'autre part aussi, les mystiques sont souvent suspects aux théologiens de profession. Et ce que ceux-ci redoutent en eux, c'est précisément une trop grande liberté de pensée et d'allure, une personnalité trop accentuée. Les théologiens en général font partie d'une école. A ce titre ils sont exposés à n'être que des conservateurs, à ne considérer la vérité que comme une notion qui, trouvée dans un livre, se met et se garde dans un livre ; à en faire une chose extérieure, objective au mauvais sens du mot, et tenant tout entière dans des formules abstraites (1). Or, comme les abstractions qui gisent dans les livres ne sont jamais adéquates à l'infini de la réalité,

(1) Évidemment ceci ne saurait s'appliquer aux grands théologiens qui ont été des initiateurs, comme saint Augustin, saint Thomas, Duns Scott.

ceux qui se renouvellent, en puisant incessamment à la source intérieure qui jaillit en eux, ne peuvent consentir à s'emprisonner dans les livres et dans les formules. Tels sont les mystiques. Ils ont toujours besoin de plus d'air, de plus d'espace et de plus de lumière. Travaillant décidément à sortir d'euxmêmes, à dépasser le fini et le relatif, ils sont surnaturellement indépendants vis-à-vis de ce qui est purement humain. Et qui donc oserait les en blâmer, puisque, selon la promesse faite dans l'Évangile, la vérité doit non pas nous asservir, mais nous délivrer? Cette sainte indépendance, cette liberté des enfants de Dieu n'a rien de commun avec l'orgueil du jugement propre, par lequel on se concentre en soi-même en s'exal·tant indûment dans sa manière de voir individuelle. Et si les théologiens d'école sont trop souvent portés à les confondre et à prendre pour insubordination du sens propre ce qui n'est qu'obéissance vraie et de plus en plus profonde à la voix de Dieu qui parle au dedans, n'est-ce point parce qu'il leur arrive d'être plus préoccupés de l'orthodoxie de la lettre que de l'orthodoxie de l'esprit?

Ainsi se produit une opposition qui plus ou moins ouvertement s'est manifestée de tout temps dans l'Église. Cette opposition, Mgr Gay, en qui il y avait surabondance de vie intérieure, ne pouvait manquer de la ressentir, au moins dans une certaine mesure. « Les livres, disait-il, ne vont au fond de rien (1). » — « La formule est une maison que notre condition terrestre rend précieuse (peut-être indispensable); mais que de gens tendent à changer cette demeure en prison! Il faudrait l'élargir toujours pour se rapprocher de l'état céleste, et eux vont la rétrécissant sans cesse. Que faire alors? ou briser la muraille ou étouffer. Dieu ne pose point de tels dilemmes (2). » Et au sujet de son traité *La Vie et les Vertus chrétiennes*, exprimant la crainte d'être un peu chicané « par quelques théologiens partisans exclusifs de telle ou telle école », il ajoutait : « J'ai passé droit mon chemin, ou du moins je l'espère, appuyé sur la sainte Écriture et suivant pas à pas ce qui me semblait

____

(1) T. II, p. 50.
(2) T. II, p. 69.

être Jésus-Christ (1). » M. Faillon ayant publié un livre extrait des manuscrits de M. Olier, ce livre avait été déféré à l'Index « par un de ces esprits malveillants qui se trouvent, hélas ! partout (2) ». Mgr Gay accepta de le défendre. Or, il laisse entendre à cette occasion que M. Faillon a eu tort de vouloir « justifier scolastiquement ce que son patriarche avait écrit dans un ordre purement mystique (3) ». Ceci semble impliquer qu'il y a là, selon lui, deux domaines distincts et qu'il doit exister une séparation radicale entre la pensée systématisée et la pensée vivante. Que cette distinction soit bonne ou non à maintenir, c'est un point sur lequel nous n'avons pas à insister pour le moment. Mais, en tout cas, il est évident que, dans la circonstance, elle est encore une manière de réclamer le droit de penser et de parler, comme par abondance du cœur, en dehors des procédés conventionnels et des formules reçues. Tout cela est d'autant plus significatif que nous avons affaire à un homme qui s'est toujours montré très traditionnel, même au sens un peu étroit qu'on donne souvent à ce mot, très respectueux de la chose établie et ayant, peut-on dire, la religion de l'autorité. N'est-ce pas la preuve qu'il est possible de concilier des choses que trop souvent, de part et d'autre, on semble s'acharner à rendre inconciliables ? Il s'agit simplement en effet de comprendre que la vérité est vivante et que, pour être vivante, elle n'en est pas moins éternelle. Mgr Gay le comprenait merveilleusement. Dans une lettre inédite que nous avons sous les yeux, nous trouvons à ce sujet une page tout à fait remarquable. « La vérité dans son fond, dit-il, n'est pas un axiome : c'est un être et, pour tout dire, c'est Dieu. Les vérités particulières ne sont que des dérivations et comme des rayonnements de cette lumière primordiale, éternelle, universelle et unique ; et si nous voyons ces vérités particulières (j'appelle ainsi même les plus hautes, comme toutes les vérités de la religion), c'est seulement par l'action libre, par la bienfaisante condescendance, par le secours puissant de cette Vie-Vérité. En

(1) T. II, p. 14.
(2) T. II, p. 64.
(3) T. II, p. 67.

somme, c'est la vérité seule qui enseigne la vérité. A elle seule appartient qu'on la voie. Elle n'est pas un trésor déposé quelque part dont les voleurs mêmes puissent forcer l'ouverture ; elle est une personne vivante qui confie ses pensées intérieures. »

Voilà comment, tandis que pour les théologiens d'école le christianisme est plutôt un système d'idées, pour les mystiques il est essentiellement une vie. Et ceci ne veut pas dire que les mystiques s'abstiennent de penser : car la pensée fait partie intégrante de la vie. Mais la pensée, détachée de l'action et de l'expérience intime, leur paraît vide. A quoi sert, disent-ils avec l'auteur de l'*Imitation*, de savoir la définition de la componction, si on ne l'éprouve pas ? Pour celui qui ne l'éprouve pas, en effet, la définition n'a pas de sens : ce ne sont que des mots. Et pour celui qui l'éprouve, la définition devient naturellement secondaire, et d'autant plus qu'elle ne peut exprimer qu'imparfaitement la réalité intérieure où il y a toujours du mouvement pour aller plus loin. Si l'on veut bien considérer d'une part l'énoncé des dogmes dans les traités didactiques de théologie, et d'autre part ce que sont ces mêmes dogmes vécus dans une âme de vrai chrétien, dans l'âme d'un saint François d'Assise ou d'une sainte Thérèse par exemple, on se rendra compte de la différence que nous signalons ici (1).

Nous ne prétendons nullement néanmoins — est-il besoin de le dire ? — que les théologiens ont tort de chercher à systématiser la vérité chrétienne. Mais c'est à la condition qu'ils ne s'imaginent pas l'enclore tout entière irrémédiablement dans leurs formules. Et en définitive si leur système vaut, c'est moins comme système que par l'esprit qui l'anime.

Nous avons dit, en parlant des mystiques, que la vérité les délivre ; mais nous pouvons dire aussi qu'ils délivrent la vérité. Ils l'incarnent en eux. Elle prend possession de tout ce qu'ils ont et de tout ce qu'ils sont. Et par eux elle devient vivante dans le monde. Dès lors, au lieu d'apparaître sèche et raide, limitée et exclusive comme dans les formules abstraites où elle semble ne viser qu'à se défendre, elle se montre à la fois

(1) Qu'on nous permette de mentionner à cette occasion un article tout à fait remarquable de M. le baron Fr. von Hügel sur sainte Catherine de Gênes. *The Hampstead annual 1898, London.*

souple et forte, toujours ancienne mais aussi toujours nouvelle, accueillante et pénétrante, toujours prête à recevoir ceux qui viennent et à aller chercher ceux qui ne viennent pas.

A ce point de vue on pourrait comparer le rôle des mystiques à celui des prophètes. Ils sont l'esprit qui vit et qui vivifie. Certes, ils ne cherchent en aucune façon à échapper à l'autorité de l'Église, ni à se mettre en dehors de son organisation, ni à s'affranchir des définitions dogmatiques. Mais tout ce système extérieur, au lieu de peser sur eux, au lieu de s'imposer à eux comme des chaînes dont les chargerait une puissance étrangère, tout ce système extérieur, dis-je, devient un moyen dont ils se servent et qu'ils utilisent pour la réalisation de leur fin surnaturelle. Aussi, bien loin de subir l'Église, ils y adhèrent du fond de leur cœur. C'est en elle que leur vie spirituelle prend naissance, en elle qu'elle s'alimente, en elle qu'elle trouve son achèvement. L'Église en est tout d'abord la condition, puis elle en devient comme l'extériorisation et le prolongement. Elle est voulue pour elle-même, aimée pour elle-même, à la fois comme le symbole et comme l'ébauche dans le temps de la cité éternelle des esprits. Et c'est ainsi que tout se concilie et que tout s'harmonise.

III

Ce qui en effet caractérise les mystiques, c'est qu'en eux les oppositions de toutes sortes tendent à s'évanouir. En vertu de leur transformation intérieure, les oppositions de la liberté et de l'autorité, de la raison et de la Révélation, de la nature et de la grâce vont toujours s'atténuant. C'est ce qui faisait dire à Thaulère : « Ne cherchez point par des raisonnements curieux quelle est en vous-mêmes, ô âmes fidèles, la lumière de la grâce et quelle est celle de la nature (1). » Et, en même temps, les amours dont leur cœur humain est capable arrivent à ne plus se contrarier. Et ce n'est pas qu'ils cessent d'aimer, pas plus qu'ils cessent de penser. Ils ne font pas le vide en eux, comme on le suppose quelquefois ; ils font le plein au contraire. Mais

(1) *Institutions*, XXIII.

aimant de haut et pensant de haut, leur cœur et leur esprit deviennent assez larges pour tout contenir. Ils ne connaissent plus les partages et les contradictions intérieures. Pour eux Dieu est en tout et tout est en Dieu. Et en s'élargissant à l'infini, leur vie devient aussi infiniment intense. Ils s'unifient ; ils se libèrent du multiple, non en l'oubliant dans une extase orgueilleuse comme ont essayé de le faire certains philosophes, mais en l'intégrant pratiquement dans la volonté de Dieu.

Voilà ce qu'on trouve chez tous les mystiques : saint Bonaventure, sainte Thérèse, saint Jean de la Croix, Thaulère, Rusbrock, sainte Catherine de Gênes, etc. Leurs écrits ne sont que l'expression variée d'une vie qui s'unifie. C'est ce qu'on trouvera également dans les Lettres de Mgr Gay ; et on l'y trouvera d'une façon d'autant plus intéressante qu'il n'a pas visé à l'y mettre. Rien, en un sens, n'est plus simplement humain ; mais c'est de l'humain divinisé. On sent que Dieu est toujours en train de tout envahir. Il n'est plus seulement présent dans l'esprit comme une notion, ou dans la mémoire comme un souvenir ; il est présent dans le cœur comme un être concret et vivant, qui entend et qui répond (1), qui aime et qui est aimé. La foi n'est plus seulement une adhésion de l'esprit à des vérités abstraites : elle est la confiance en Dieu, une confiance d'enfant en la bonté de son père. Les épreuves et les joies de la vie, mais les épreuves encore plus que les joies, ne font que l'accroître et la fortifier. « L'âme qui a bien le sens de Jésus-Christ sourit à ces apparences pénibles qui enveloppent une bonté infinie... ; elle dit : Je sais bien quel il est celui à qui je me suis confiée (2). » Tous les événements deviennent des manifestations de la volonté de Dieu. Dès lors, plus de fatalité, plus de hasard. Par l'acceptation de tout, tout devient un appel de Dieu et un moyen de répondre à cet appel. Il n'y a qu'à se livrer à lui, qu'à se remettre entre ses mains paternelles. Grâce à l'abandon ainsi pratiqué, la paix s'établit, cette paix, dont parle saint Paul, qui surpasse tout sens.

(1) « Il ne s'agit pas là évidemment d'une parole sensible, d'une révélation particulière se faisant par des signes, sons ou images. » Saint JEAN DE LA CROIX, *Nuit obscure*, l. II, c. XVII.

(2) T. I, p. 151.

Mais ce n'est pas l'abandon de l'inertie, c'est l'abandon de l'amour. Et il n'est pas de déploiement d'activité plus grand que celui-là, puisque c'est l'acte par lequel, au milieu des contradictions et des heurts qui entament l'existence humaine par tous les côtés à la fois, malgré toutes les déceptions, malgré la fuite des choses et de la vie, à travers le désordre apparent des événements extérieurs où chacun s'agite comme dans les ténèbres, en opposition avec l'expérience journalière de ce qu'on nomme la réalité, malgré la sensation d'isolement et de délaissement inhérente à l'existence terrestre, malgré la souffrance et malgré la mort, on croit que derrière tout cela et que dans tout cela même se cache une infinie bonté qui tient en réserve des trésors éternels de bonheur et de vie. Et d'une telle attitude librement prise il résulte que cette infinie bonté devient sensible au cœur et qu'elle donne un avant-goût de ce qu'elle est en elle-même. L'invisible prend le caractère du réel, d'un réel plein et solide dont le visible n'est plus que le symbole transitoire. « Lorsque, avec ce regard inquiet (sans défiance pourtant) qu'inspire une profonde douleur, on le regarde, lui qu'on est accoutumé d'appeler père, et lorsqu'on l'interroge pour lui demander comment l'enfant si aimé d'un père bienheureux et tout-puissant est condamné à souffrir ainsi, on sent, en contemplant son divin visage, que la colère n'y est point apparue, que la sérénité y règne, que le sourire de la bonté n'y cesse pas (1). »

C'est le retournement complet, l'effort surhumain par lequel s'opère le passage du temps à l'éternité. Mais ce n'est rien d'extraordinaire ni de merveilleux, si l'on entend par extraordinaire et merveilleux ce qui frappe les sens et l'imagination. Le mysticisme de Mgr Gay, comme celui de tous les grands mystiques dont nous avons cité les noms, pourrait très bien se définir : Dieu devenant une réalité intérieure dans la vie humaine par l'acceptation sans cesse renouvelée de sa présence et de son action. C'est donc quelque chose de très simple, de si simple même que beaucoup de ceux peut-être qui liront ces lettres n'y prendront pas garde, et d'autant moins qu'elles

(1) T. 1, p. 145.

restent d'un bout à l'autre une explosion continue de sentiments humains, de tendresses humaines (1) où se mêlent plus ou moins les préoccupations inévitables et vulgaires de l'existence. Mais si l'on veut bien y faire attention cependant, on devra s'apercevoir sans peine qu'au contact de Dieu tout se transforme ; et rien ne fera mieux comprendre comment le surnaturel qui pénètre la nature au lieu de la détruire lui fournit les moyens de se dépasser elle-même. « Tout ce qui est mauvais, Dieu l'enlève ; mais tout ce qui est bon, il se plaît à le purifier... Il ne veut pas seulement que ces chères créatures soient bonnes ; il veut qu'elles soient parfaites. Ce ne lui est point assez que les affections légitimes par lesquelles il les lie ici-bas, durent tout le temps du pèlerinage ; il lui plaît d'y semer une vertu qui les éternise (2). » Ainsi, comme disait saint Paul, c'est le corruptible même qui se revêt d'incorruptibilité.

Et cette transformation, c'est l'amour qui l'accomplit. « Quand l'amour vit, le reste meurt... L'amour seul agit dans le monde : il faut croire à cela plus qu'à tout. Qui ne le croit pas ne comprend rien et ne peut garder la paix (3). » Avoir la foi, c'est donc, à proprement parler, croire à l'amour. L'amour est l'objet de la foi : car l'objet de la foi, en effet, c'est Dieu dans sa vie intime se communiquant au monde. Et « Dieu est l'amour universel, l'amour éternel, l'amour infini. Mais ces vérités-là, comme toutes les vérités sublimes, se voient mieux du dedans que du dehors : c'est-à-dire que c'est par l'expérience et la possession qu'on les comprend tout à fait (4). » En d'autres termes, on ne peut vraiment croire à l'amour qu'en aimant. Et il apparaît ainsi que la vraie foi, c'est déjà l'amour, un amour qui n'a pas encore atteint pleinement son objet.

Et comme, en définitive, tout de la part de Dieu est œuvre

(1) « Oh ! ma chère enfant, laisse-moi d'abord te dire une chose et pour maintenant et pour toujours : mon affection pour toi ne peut changer. Ces tendresses-là, vois-tu, ne sont pas seulement dans le cœur, elles sont aussi le cœur : or le cœur, c'est la vie. Tant que je vivrai, je t'aimerai donc, ma bonne petite sœur ; et je sais bien que je vivrai toujours. » T. I, p. 63.
(2) T. I, p. 258.
(3) T. I, p. 232.
(4) T. I, p. 147.

d'amour, ce n'est qu'en croyant à l'amour qu'on peut tout comprendre et qu'on devient cet homme spirituel, dont parle saint Paul, qui juge de tout sans pouvoir être jugé par personne. « Dieu ne refuse l'intelligence qu'à ceux qui n'ont pas la foi ou qui ne vont pas jusqu'aux œuvres (1). » De cette façon, tout peut et tout doit servir à découvrir le sens du christianisme, en même temps que le christianisme peut et doit servir à découvrir le sens de tout. « La création tout entière est la sainte complice de Dieu pour nous instruire. Elle nous confirme et nous commente chacune de ses paroles. Les lois apparemment les plus exorbitantes du christianisme sont des lois essentielles, écrites partout et qui régissent tout. Si nous savions lire à fond dans le monde, nous pourrions nous passer de l'Évangile ; car c'est un même livre écrit en deux langues (2). » Évidemment, nous sommes loin ici de ce christianisme superficiel qu'on nous présente parfois comme s'ajoutant après coup à une nature donnée par simple superposition. Le surnaturel ne cesse pas d'être transcendant, autrement il ne serait plus le surnaturel ; mais pour être transcendant, ce n'est point quelque chose de séparé et d'extérieur que Dieu imposerait despotiquement. C'est Dieu lui-même pénétrant librement et par amour jusque dans les dernières profondeurs de la nature pour la diviniser, et dont les manifestations sensibles, quand il s'en produit, ne sont que le rayonnement. Ce n'est pas un vêtement de surface jeté sur nos misères pour seulement les dissimuler, une écorce enveloppant un bois pourri, comme le voulait Luther ; c'est une sève vivifiante qui circule au dedans et qui informe les énergies mêmes de la nature pour une fin supérieure à elle, de telle sorte que cette fin devient sa fin et qu'elle ne peut, sans manquer sa destinée, ne pas répondre par l'amour à l'amour éternel.

Ce qui ressort de tout ce que nous venons de dire, c'est que pour faire évanouir les antinomies, les oppositions dans lesquelles tant d'esprits s'embarrassent, il faut s'élever au-dessus d'elles. Et pour s'élever au-dessus d'elles, il ne suffit pas de

(1) T. I, p. 17.
(2) Lettre inédite.

penser, il ne suffit pas d'agir. Il faut en même temps agir et penser. Voilà justement ce que font les mystiques. Ils pensent leur
vie et ils vivent leur pensée. Ce sont à la fois des réfléchis et
des agissants. Ils ne pensent pas à vide, seulement avec des
mots; et ils n'agissent pas à l'aventure voulant tantôt ceci,
tantôt cela. Ils veulent Dieu et ils pensent Dieu. Ainsi apparaît
Mgr Gay dans ses lettres. On a là, prise sur le fait, une vie qui
dans ses détails se donne un sens et une portée éternelle. On
pourrait sans doute y signaler des lacunes, des défiances exa-
gérées vis-à-vis de certains hommes et de certaines idées, un
attachement trop grand peut-être à certaines formes du passé.
Extérieurement au moins Mgr Gay a fait partie d'une école qui
a eu ses étroitesses. Mais peu nous importe en ce moment. Ce
n'est point par le dehors que nous le considérons, c'est par le
dedans. Et quelles que soient les influences qui s'y fassent sen-
tir, malgré les infirmités qui plus ou moins subsistent toujours,
en le considérant par le dedans, nous assistons à ce spectacle,
plus grand et plus beau que tout ce que nous pouvons conce-
voir, d'une âme qui sort du temps, qui se met au-dessus des
accidents et des péripéties de l'existence humaine, qui s'établit
dans la paix, dans la plénitude de l'être et de la vie, et en qui
rayonnent vraiment la lumière et la bonté du Dieu vivant. Ce
spectacle ne valait-il pas la peine d'être signalé?

LA CHAPELLE-MONTLIGEON. — IMPRIMERIE DE N.-D. DE MONTLIGEON.

160

BIBLIOTHÈQUE

NATIONALE

CHÂTEAU

de

SABLÉ

1991